Impressum
Verlag: BABADADA GmbH, Nedderfeld 112 , 22529 Hamburg
Geschäftsführer / Verlagsleitung: Harald Hof
Druck: Books on Demand GmbH, In de Tarpen 42, 22848 Norderstedt

Imprint
Publisher: BABADADA GmbH, Nedderfeld 112 , 22529 Hamburg, Germany
Managing Director / Publishing direction: Harald Hof
Print: Books on Demand GmbH, In de Tarpen 42, 22848 Norderstedt, Germany

escuela
школа

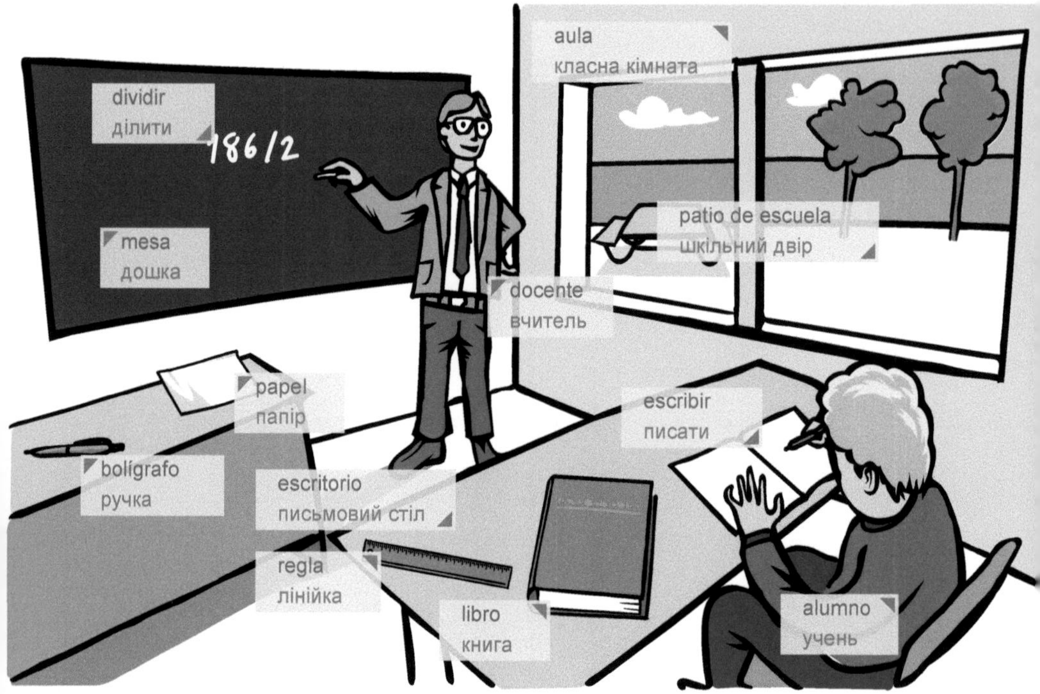
aula
класна кімната
dividir
ділити
186/2
mesa
дошка
patio de escuela
шкільний двір
docente
вчитель
papel
папір
escribir
писати
bolígrafo
ручка
escritorio
письмовий стіл
regla
лінійка
libro
книга
alumno
учень

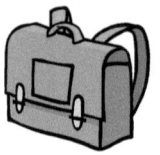

mochila escolar

ранець

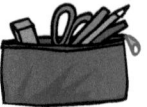

caja de lápices

пенал

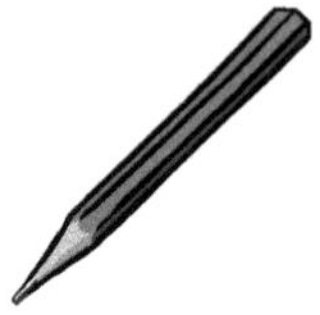

lápiz

олівець

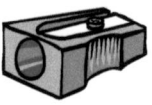

sacapuntas

точило

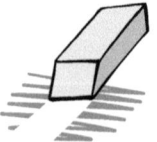

goma de borrar

гумка

bloc de dibujo

альбом для малювання

dibujo

малюнок

pincel

пензель

caja de pinturas

коробка фарб

tijera

ножиці

pegamento

клей

libro de ejercicios

зошит

tarea

домашнє завдання

número

число

sumar

додавати

restar

віднімати

multiplicar

множити

calcular

рахувати

letra

літера

alfabeto

абетка

palabra

слово

texto

текст

leer

читати

tiza

крейда

lección

година

libro de clase

класний журнал

examen

екзамен

certificado

диплом

uniforme escolar

шкільна форма

educación

освіта

enciclopedia

лексикон

universidad

університет

microscopio

мікроскоп

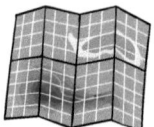

mapa

карта

cesto de papeles

кошик для паперу

viaje

подорож

hotel
готель
albergue
турбаза
ROOMS
CHANGE
casa de cambio
обмінний пункт
maleta
валіза
auto
автомобіль

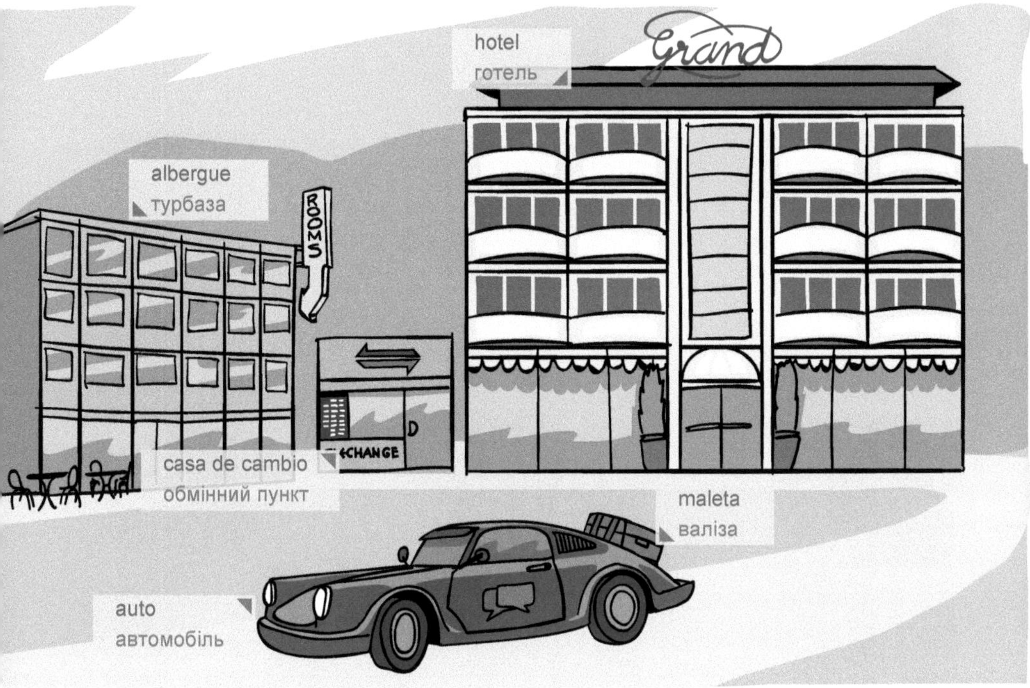

idioma

мова

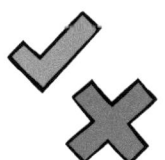

sí / no

так / ні

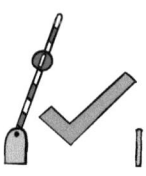

ok

добре

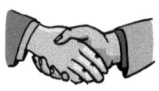

hola

привіт

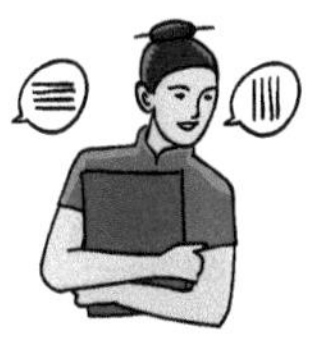

intérprete

перекладач

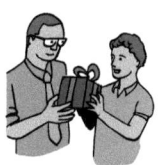

gracias

дякую

¿Cuánto cuesta...?

Скільки коштує ...?

No entiendo

Я не розумію

problema

проблема

¡Buenas tardes!

Добрий вечір!

¡Buenos días!

Доброго ранку!

¡Buenas noches!

На добраніч!

adiós

До побачення

dirección

напрямок

equipaje

багаж

bolso

сумка

mochila

рюкзак

invitado

гість

cuarto

кімната

saco de dormir

спальний мішок

tienda de campaña

намет

información al turista

туристична інформація

playa

пляж

tarjeta de crédito

кредитна картка

desayuno

сніданок

almuerzo

обід

cena

вечеря

pasaje

квиток

ascensor

ліфт

sello

поштова марка

límite

межа

aduana

митниця

embajada

посольство

visa

віза

pasaporte

паспорт

transporte

транспорт

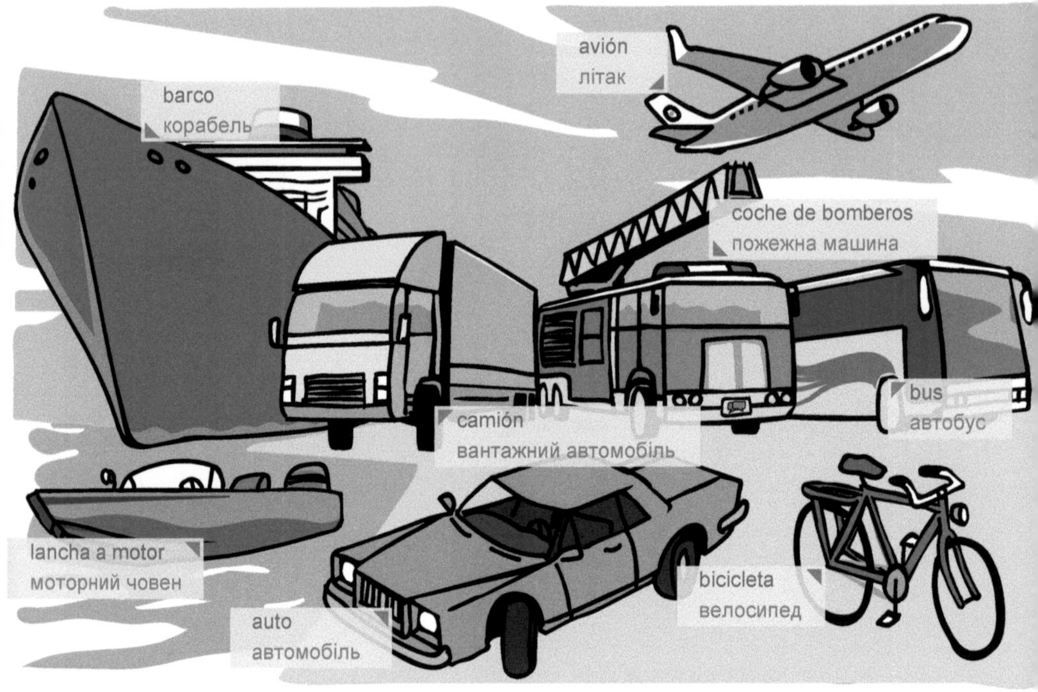
avión
літак
barco
корабель
coche de bomberos
пожежна машина
bus
автобус
camión
вантажний автомобіль
lancha a motor
моторний човен
bicicleta
велосипед
auto
автомобіль

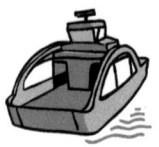

balsa

пором

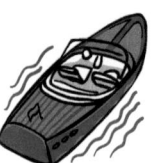

lancha

човен

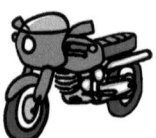

motocicleta

мотоцикл

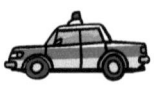

auto de policía

поліцейська машина

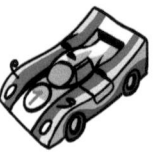

auto de carreras

гоночний автомобіль

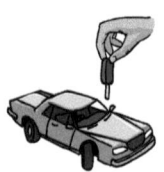

auto de alquiler

автомобіль на прокат

alquiler de autos

спільне користування авто

grúa

евакуатор

vehículo recolector de basura

сміттєвоз

motor

двигун

gasolina

паливо

gasolinera

автозаправна станція

señal de tráfico

дорожній знак

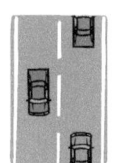

tránsito

рух

atasco

затор

estacionamiento

стоянка

estación de tren

вокзал

carril

рейки

tren

потяг

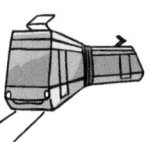

tranvía

трамвай

vagón

вагон

helicóptero

гелікоптер

aeropuerto

аеропорт

torre

вежа

pasajero

пасажир

contenedor

контейнер

caja de cartón

коробка

carro

візок

cesta

кошик

despegar / aterrizar

стартувати / приземлятися

ciudad

місто

aldea

село

centro de la ciudad

центр міста

casa

дім

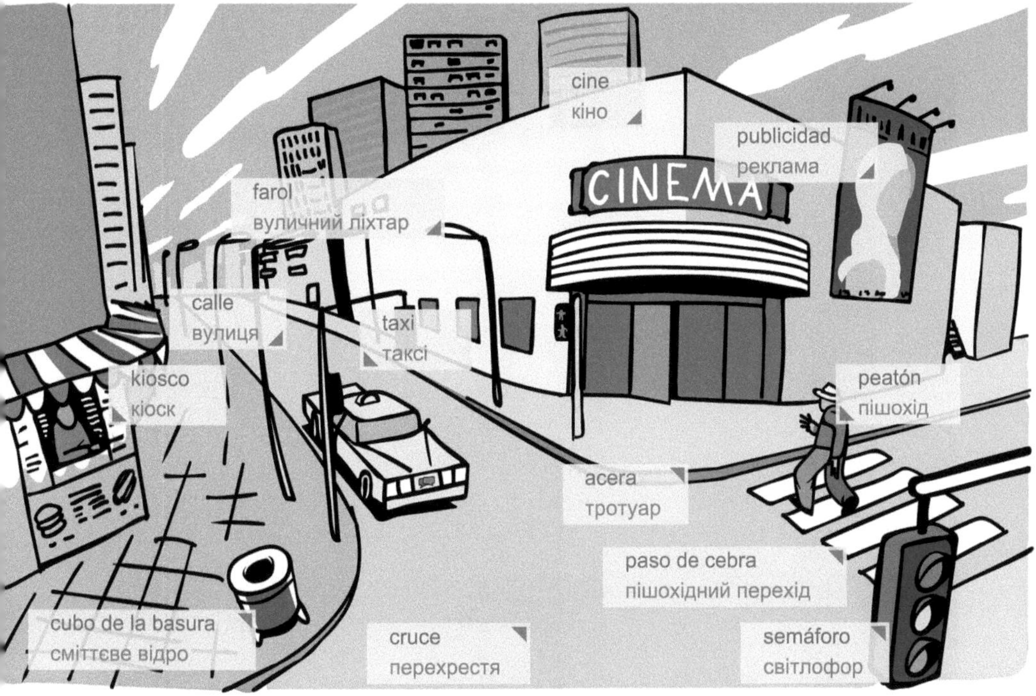

cine
кіно

publicidad
реклама

farol
вуличний ліхтар

CINEMA

calle
вулиця

taxi
таксі

kiosco
кіоск

peatón
пішохід

acera
тротуар

paso de cebra
пішохідний перехід

cubo de la basura
сміттєве відро

cruce
перехрестя

semáforo
світлофор

cabaña

хатина

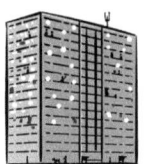

apartamento

квартира

estación de tren

вокзал

ayuntamiento

ратуша

museo

музей

escuela

школа

universidad

університет

banco

банк

hospital

лікарня

hotel

готель

farmacia

аптека

oficina

офіс

librería

книжковий магазин

negocio

магазин

florería

квітковий магазин

supermercado

супермаркет

mercado

ринок

grandes almacenes

універмаг

pescadería

торговець рибою

centro comercial

торговельний центр

puerto

гавань

parque
парк

banco
лава

puente
міст

escalera
сходи

metro
метро

túnel
тунель

parada de autobuses
автобусна зупинка

bar
бар

restaurante
ресторан

buzón de correo
поштова скринька

letrero
вулична табличка

parquímetro
лічильник паркування

zoológico
зоопарк

piscina
басейн

mezquita
мечеть

granja

ферма

polución

забруднення
навколишнього
середовища

cementerio

кладовище

iglesia

церква

parque infantil

дитячий майданчик

templo

храм

paisaje

ландшафт

hoja
листок

indicador de camino
вказівний стовп

sendero
шлях

pradera
луг

piedra
камінь

árbol
дерево

caminante
мандрівник

río
річка

pasto
трава

flor
квітка

valle

долина

montaña

гора

lago

озеро

bosque

ліс

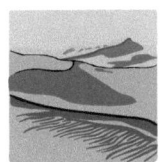

desierto

пустеля

volcán

вулкан

castillo

замок

arco iris

веселка

seta

гриб

palmera

пальма

mosquito

комар

mosca

муха

hormiga

мурашка

abeja

бджола

araña

павук

escarabajo

жук

rana

жаба

ardilla

вивірка

erizo

їжак

liebre

заєць

lechuza

сова

pájaro

птах

cisne

лебідь

jabalí

кабан

ciervo

олень

alce

лось

embalse

гребля

aerogenerador

вітряк

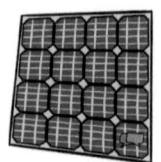

módulo solar

сонячний модуль

clima

клімат

restaurante

ресторан

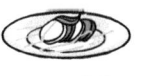

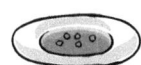

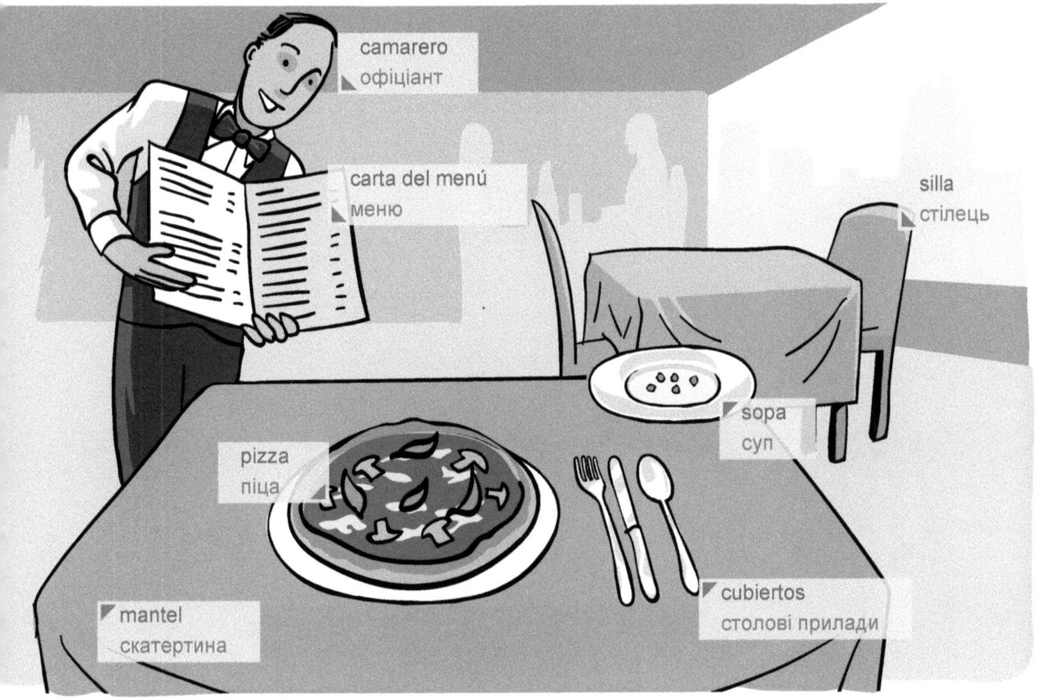

camarero
офіціант
carta del menú
меню
silla
стілець
sopa
суп
pizza
піца
cubiertos
столові прилади
mantel
скатертина

entrada

закуска

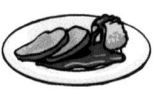

plato principal

друга страва

postre

десерт

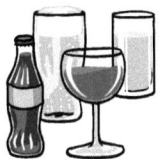

bebida

напої

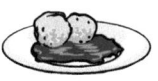

comida

їжа

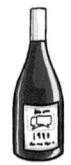

botella

пляшка

comida rápida

фаст-фуд

comida callejera

вулична їжа

tetera

чайник

azucarera

цукорниця

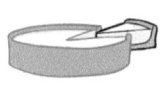

porción

порція

máquina de espresso

еспресо-машина

silla alta

високий стільчик

factura

рахунок

bandeja

піднос

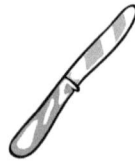

cuchillo

ніж

tenedor

вилка

cuchara

ложка

cuchara de té

чайна ложка

servilleta

серветка

vaso

склянка

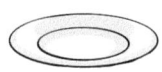

plato

тарілка

plato de sopa

тарілка для супу

platillo

блюдце

salsa

соус

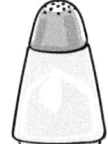

salero

солонка

molinillo para pimienta

млин для перцю

vinagre

оцет

aceite

масло

especias

спеції

ketchup

кетчуп

mostaza

гірчиця

mayonesa

майонез

supermercado

супермаркет

oferta
пропозиція
FOR
cliente
клієнт
productos lácteos
молочні продукти
fruta
фрукти
carrito de compras
візок для покупок

BUTCHERS

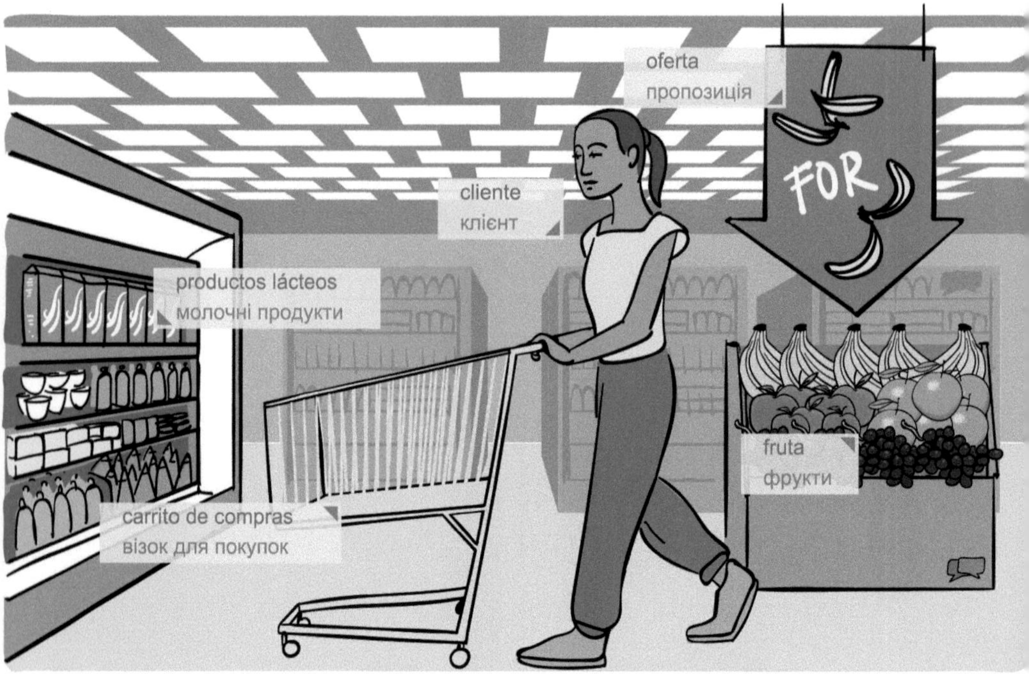

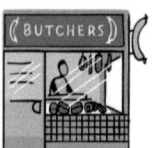

carnicería

м'ясний магазин

BAKERY

panadería

пекарня

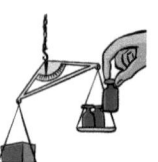

pesar

зважувати

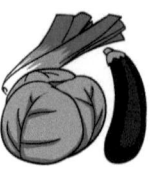

verdura

овочі

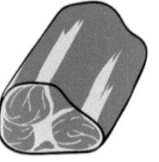

carne

м'ясо

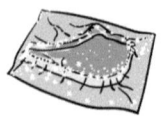

alimentos congelados

заморожені продукти

fiambre

ковбасна нарізка

conservas

консерви

detergente en polvo

пральний порошок

dulces

солодощі

artículos domésticos

предмети домашнього побуту

productos de limpieza

мийний засіб

vendedora

продавщиця

caja

каса

cajero

касир

lista de compras

список покупок

horario de atención

часи роботи

cartera

гаманець

tarjeta de crédito

кредитна картка

maleta

сумка

bolsa plástica

поліетиленовий пакет

agua

вода

jugo

сік

leche

молоко

refresco de cola

кола

vino

вино

cerveza

пиво

alcohol

алкоголь

cacao

какао

té

чай

café

кава

espresso

еспресо

cappuccino

капучіно

banana

банан

manzana

яблуко

naranja

апельсин

sandía

кавун

limón

лимон

zanahoria

морква

ajo

часник

bambú

бамбук

cebolla

цибуля

seta

гриб

nueces

горішки

fideos

локшина

espagueti

спагеті

arroz

рис

ensalada

салат

patatas fritas

картопля фрі

patatas salteadas

смажена картопля

pizza

піца

hamburguesa

гамбургер

sándwich

бутерброд

escalope

шніцель

jamón

шинка

salame

салямі

embutido

ковбаса

pollo

курка

asado

печеня

pescado

риба

copos de avena

вівсяні пластівці

musli

мюслі

copos de maíz tostado

кукурудзяні пластівці

harina

борошно

croissant

круасан

panecillo

булочка

pan

хліб

tostada

тостовий хліб

galletas

печиво

mantequilla

масло

cuajada

сир

pastel

пиріг

huevo

яйце

huevo frito

яєчня

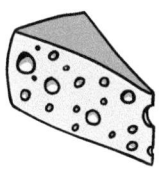

queso

сир

helado

морозиво

azúcar

цукор

miel

мед

mermelada

мармелад

praliné

нуга-крем

curry

карі

granja
ферма

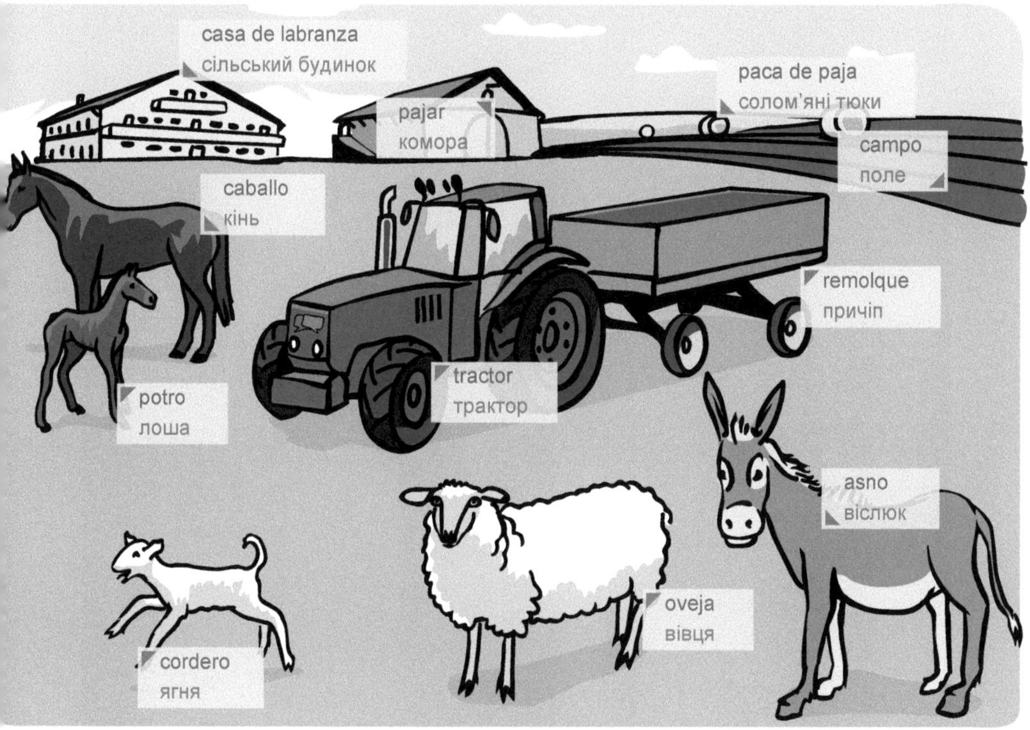
casa de labranza
сільський будинок
paca de paja
солом'яні тюки
pajar
комора
campo
поле
caballo
кінь
remolque
причіп
tractor
трактор
potro
лоша
asno
віслюк
oveja
вівця
cordero
ягня

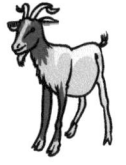

cabra
коза

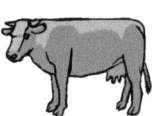

vaca
корова

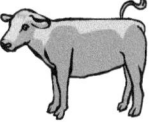

ternero
теля

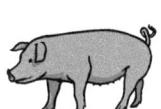

cerdo
свиня

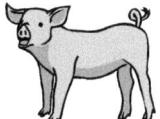

lechón
порося

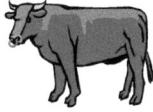

toro
бик

ganso

гусак

pato

качка

polluelo

курча

pollo

курка

gallo

півень

rata

щур

gato

кіт

ratón

миша

buey

віл

perro

собака

caseta del perro

собача будка

manguera de riego

садовий шланг

regadera

лійка

guadaña

коса

arado

плуг

hoz

серп

azada

мотика

bieldo

вила

hacha

сокира

carretilla

тачка

abrevadero

корито

lechera

бідон молока

saco

мішок

cerca

паркан

establo

хлів

invernadero

теплиця

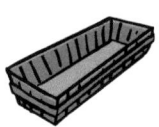

suelo

ґрунт

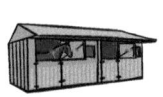

semilla

насіння

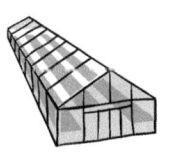

fertilizante

добриво

cosechadora

комбайн

cosechar

пожинати

cosecha

урожай

raíz de ñame

корінь ямсу

trigo

пшениця

soja

соя

patata

картопля

maíz

кукурудза

colza

ріпак

Árbol frutal

плодове дерево

mandioca

маніок

cereales

злаки

casa
дім

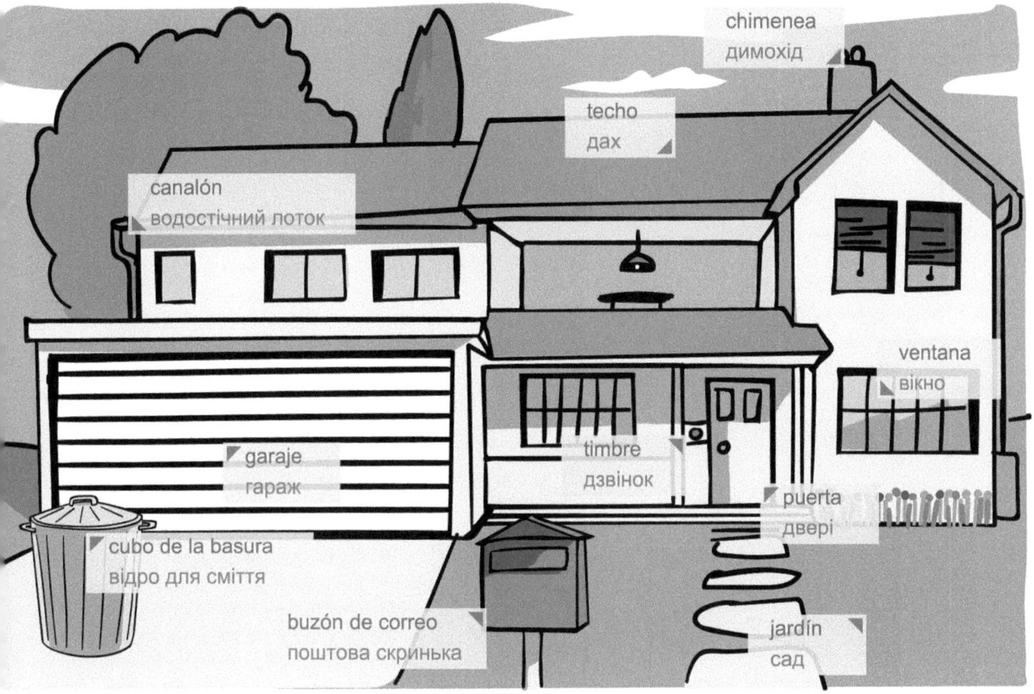
chimenea
димохід
techo
дах
canalón
водостічний лоток
ventana
вікно
garaje
гараж
timbre
дзвінок
puerta
двері
cubo de la basura
відро для сміття
buzón de correo
поштова скринька
jardín
сад

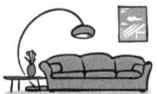

cuarto de estar
вітальня

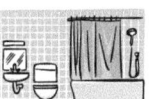

cuarto de baño
ванна кімната

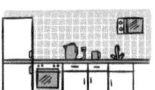

cocina
кухня

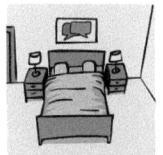

dormitorio
спальня

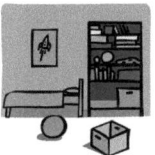

cuarto de los niños
дитяча кімната

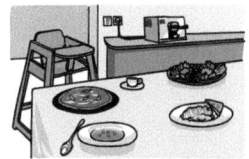

comedor
їдальня

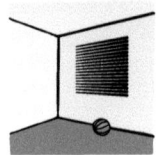

piso

підлога

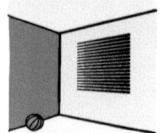

pared

стіна

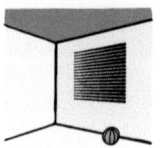

cielorraso

стеля

sótano

підвал

sauna

сауна

balcón

балкон

terraza

тераса

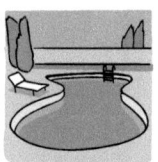

piscina

басейн

cortacésped

косарка

funda nórdica

простирало

edredón

ковдра

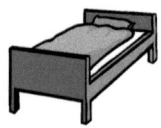

cama

ліжко

escoba

мітла

cubo

відро

interruptor

перемикач

cuarto de estar

вітальня

papel para empapelar
шпалери
imagen
малюнок
lámpara
лампа
estante
поличка
gabinete
шафа
televisor
телевізор
hogar
камін
flor
квітка
cojín
подушка
sofá
диван
florero
ваза
control remoto
пульт

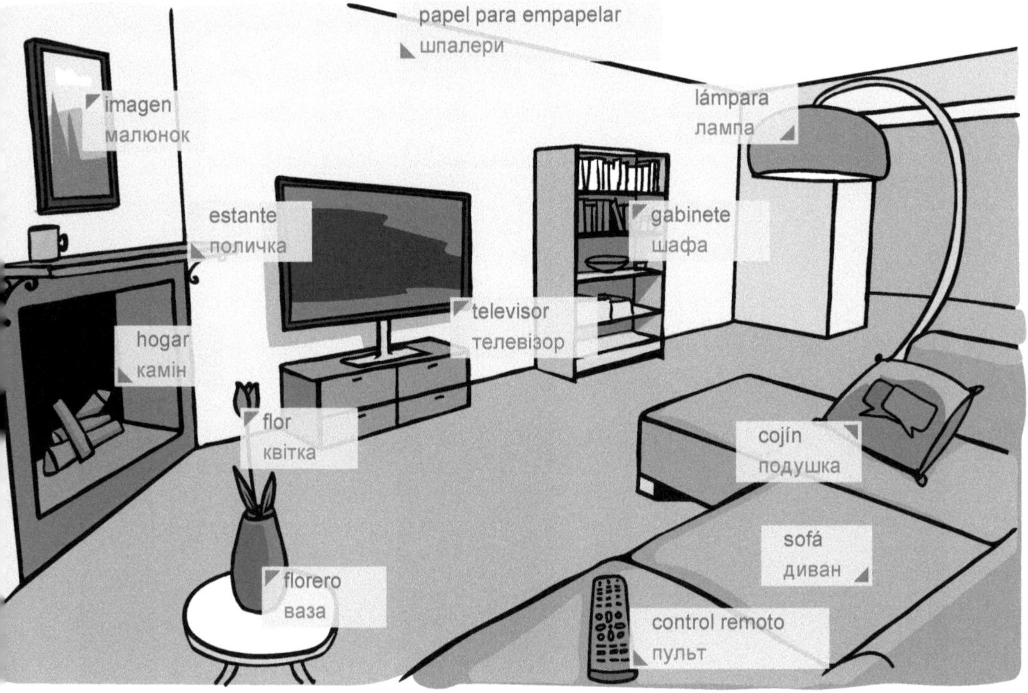

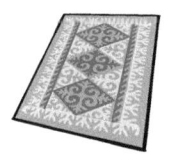

alfombra

килим

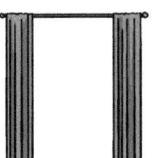

cortina

завіса

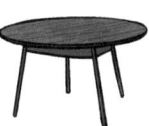

mesa

стіл

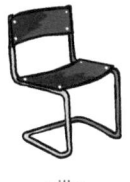

silla

стілець

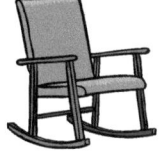

mecedora

крісло-гойдалка

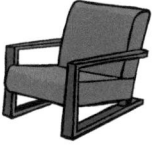

sillón

крісло

libro

книга

frazada

ковдра

decoración

прикраса

leña

дрова

film

фільм

equipo estereofónico

стереосистема

llave

ключ

periódico

газета

cuadro

картина

póster

плакат

radio

радіо

bloc de notas

блокнот

aspiradora

пилосос

cactus

кактус

vela

свічка

cocina

кухня

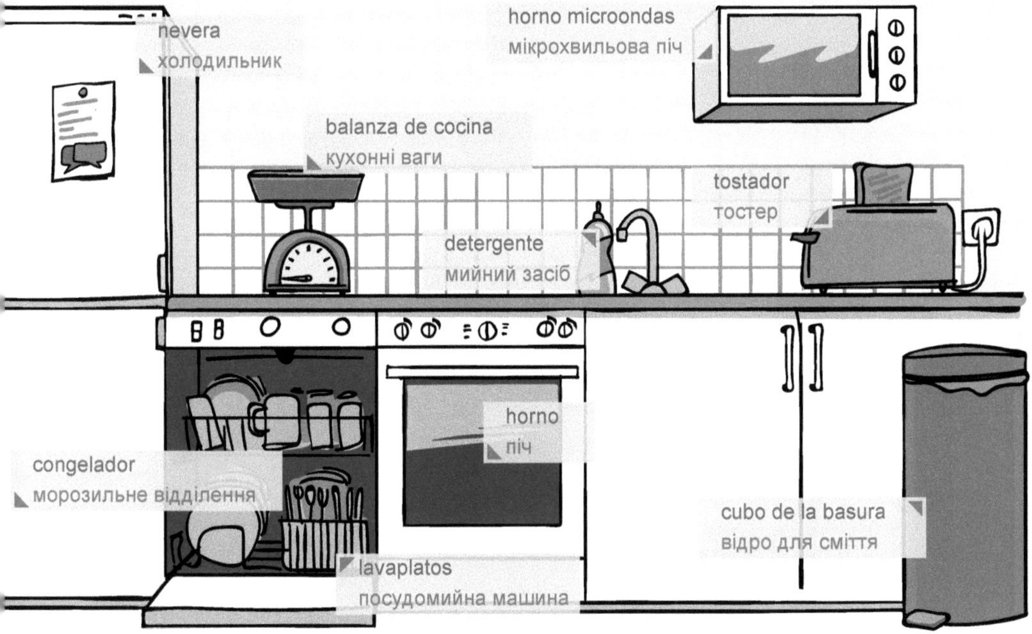

nevera
холодильник
horno microondas
мікрохвильова піч
balanza de cocina
кухонні ваги
tostador
тостер
detergente
мийний засіб
horno
піч
congelador
морозильне відділення
cubo de la basura
відро для сміття
lavaplatos
посудомийна машина

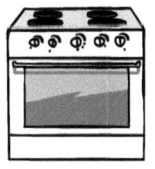

cocina
плита

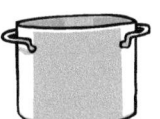

olla
горщик

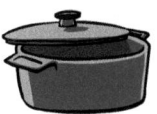

olla de fundición de hierro
чавунний горщик

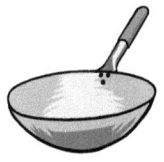

wok / kadai
вок / кадай

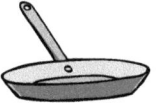

sartén
сковорода

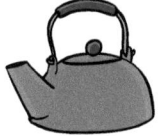

hervidor de agua
чайник

olla de vapor

пароварка

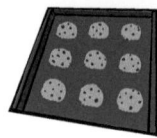

bandeja de horno

лист

vajilla

посуд

vaso

кухоль

bol

чаша

palillos para comer

палички для їжі

cucharón de sopa

черпак

espátula

лопатка

batidor

вінчик для збивання

colador

сито

cedazo

сито

rallador

терка

mortero

ступка

parrillada

барбекю

fogata

багаття

tabla de picar

дошка

rodillo

качалка

sacacorchos

штопор

lata

конзерва

abrelatas

відкривачка

agarrador

прихватки

fregadero

раковина

cepillo

щітка

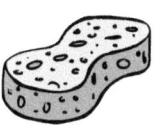

esponja

губка

batidora

міксер

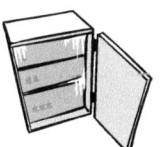

arcón congelador

морозильна камера

biberón

дитяча пляшка

grifo

кран

cuarto de baño
ванна кімната

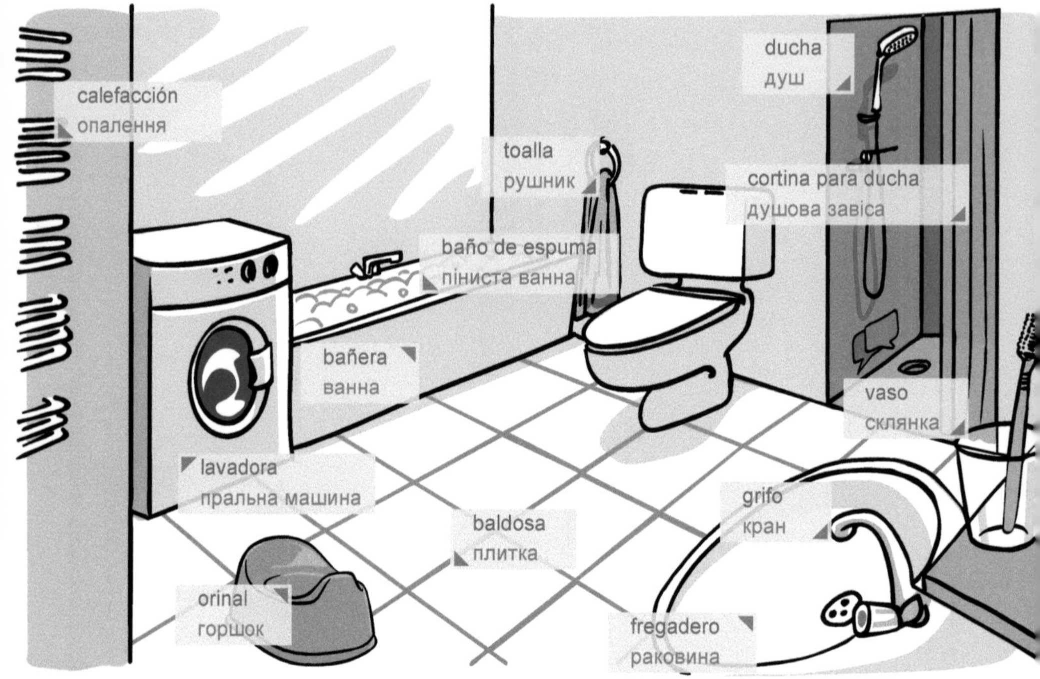
calefacción
опалення
ducha
душ
toalla
рушник
cortina para ducha
душова завіса
baño de espuma
пiниста ванна
bañera
ванна
vaso
склянка
lavadora
пральна машина
grifo
кран
baldosa
плитка
orinal
горшок
fregadero
раковина

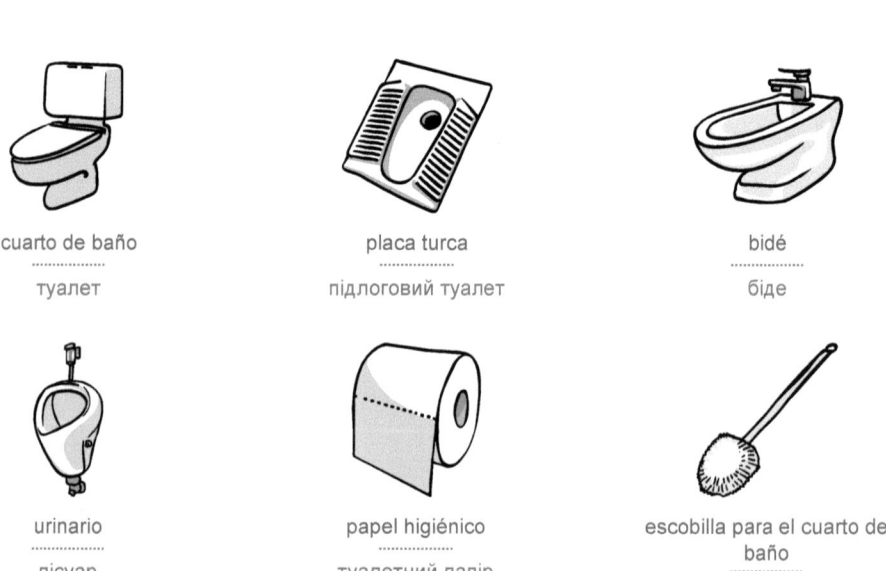

cuarto de baño
туалет

placa turca
підлоговий туалет

bidé
біде

urinario
пісуар

papel higiénico
туалетний папір

escobilla para el cuarto de baño
щітка для туалету

cepillo de dientes

зубна щітка

pasta dentífrica

зубна паста

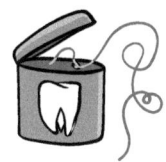

seda dental

нитка для чищення зубів

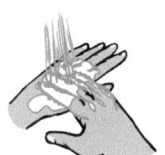

lavar

мити

ducha teléfono

ручний душ

ducha higiénica

інтимний душ

cuenco

таз

cepillo para la espalda

щітка для спини

jabón

мило

gel de ducha

гель для душу

champú

шампунь

manopla para baño

мочалка

desagüe

водостік

crema

крем

desodorante

дезодорант

espejo

дзеркало

espejo de maquillaje

косметичне дзеркало

máquina de afeitar

бритва

espuma de afeitar

піна для гоління

loción para después del afeitado

лосьйон після гоління

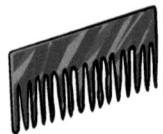

peine

гребінь

cepillo

щітка

secador para cabello

фен

laca de peinado

лак для волосся

maquillaje

косметика

lápiz labial

губна помада

laca para uñas

лак для нігтів

algodón

вата

tijera para uñas

ножиці для нігтів

perfume

парфум

neceser

косметичка

taburete

табурет

balanza

ваги

bata de baño

халат

guantes de goma

гумові рукавички

tampón

тампон

compresa

гігієнічні прокладки

wáter químico

біотуалет

cuarto de baño - ванна кімната

cuarto de los niños

дитяча кімната

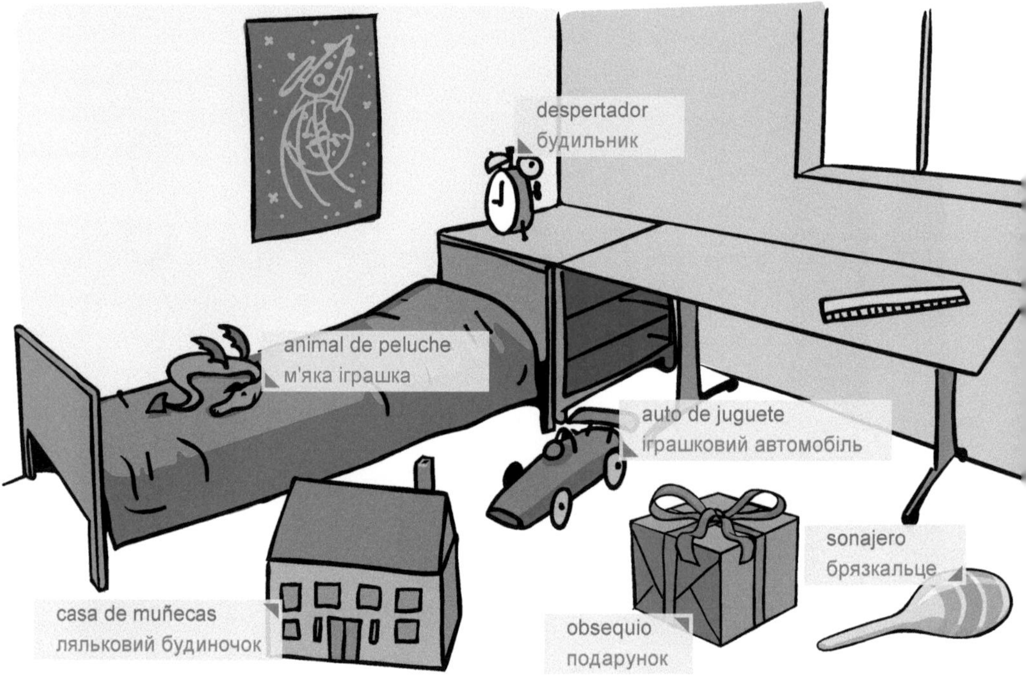

despertador
будильник
animal de peluche
м'яка іграшка
auto de juguete
іграшковий автомобіль
sonajero
брязкальце
casa de muñecas
ляльковий будиночок
obsequio
подарунок

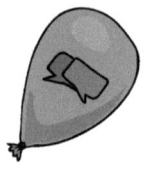

globo

повітряна кулька

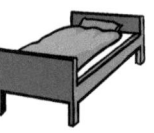

cama

ліжко

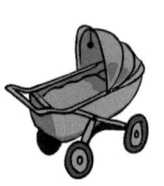

cochecito para niños

дитячий візок

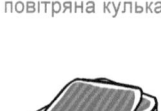

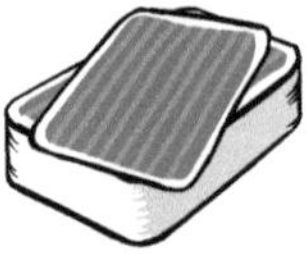

juego de barajas

картярська гра

rompecabezas

пазл

SUPER
MEGA

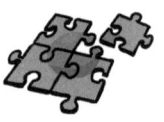

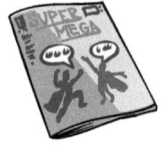

cómic

комікс

piezas de Lego

лего цеглинки

bloques para jugar

блоки

figura de acción

іграшкова фігурка

pijama de una pieza

повзунки

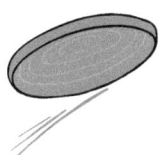

frisbee

фризбі

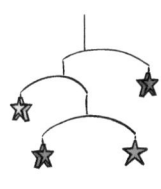

móvil

мобіле

juego de mesa

настільна гра

dado

кубик

tren eléctrico a escala

модель залізнична станція

chupete

соска

fiesta

вечірка

libro de dibujos

книжка з картинками

pelota

м'яч

títere

лялька

jugar

грати

arenero

пісочниця

columpio

гойдалка

juguetes

іграшка

consola de videojuego

гральна консоль

triciclo

триколісний велосипед

osito de peluche

плюшевий мішка

guardarropa

шафа

vestimenta

одяг

calcetines

шкарпетки

medias

панчохи

panti

колготки

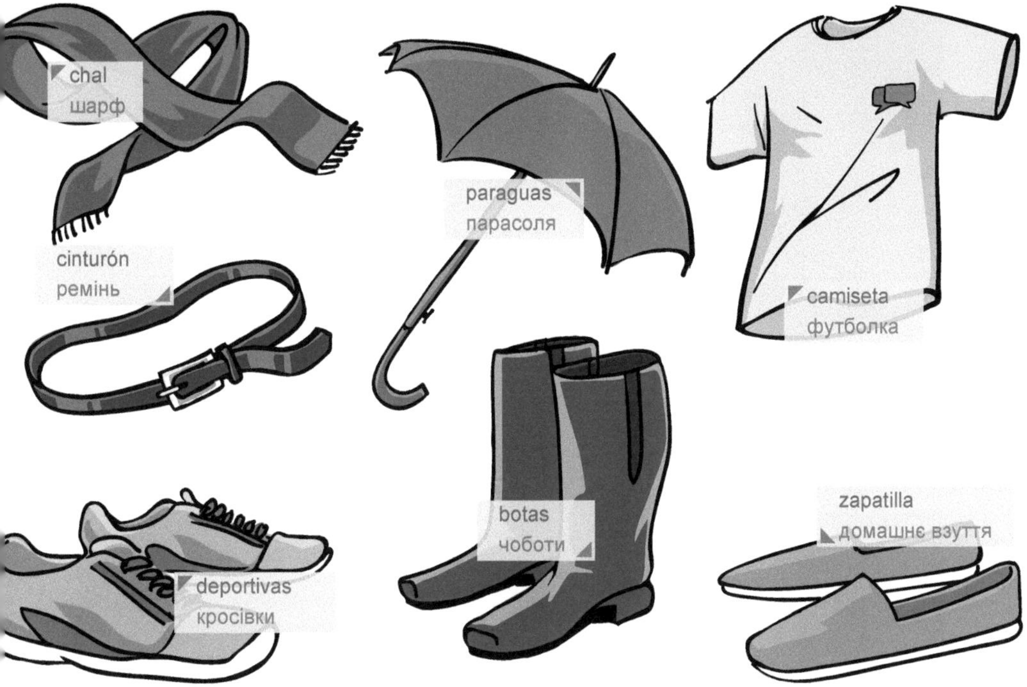

chal
шарф

paraguas
парасоля

camiseta
футболка

cinturón
ремінь

botas
чоботи

zapatilla
домашнє взуття

deportivas
кросівки

sandalias
сандалі

zapatos
взуття

botas de goma
гумові чоботи

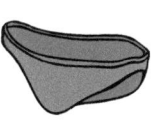

ropa interior
труси

corpiño
бюстгальтер

camiseta
нижня сорочка

body

боді

pantalón

штани

jeans

джинси

falda

спідниця

blusa

блузка

camisa

сорочка

pullover

пуловер

sweater

светр

blazer

піджак

chaqueta

куртка

abrigo

пальто

impermeable

дощовик

traje chaqueta

костюм

vestido

сукня

vestido de bodas

весільна сукня

traje

костюм

camisón

нічна сорочка

pijama

піжама

sari

сарі

pañuelo de cabeza

головна хустка

turbante

чалма

burka

бурка

caftán

кафтан

abaya

абая

traje de baño

купальник

bañador

плавки

shorts

шорти

chándal

тренувальний костюм

delantal

фартух

guante

рукавички

botón

гудзик

gafa

окуляри

brazalete

браслет

cadena

ланцюг

anillo

кільце

aro

сережка

gorra

шапка

percha

плічка

sombrero

капелюх

corbata

краватка

cierre a cremallera

застібка-блискавка

casco

шолом

tiradores

підтяжки

uniforme escolar

шкільна форма

uniforme

уніформа

babero

нагрудник

chupete

соска

pañal

підгузок

oficina

офіс

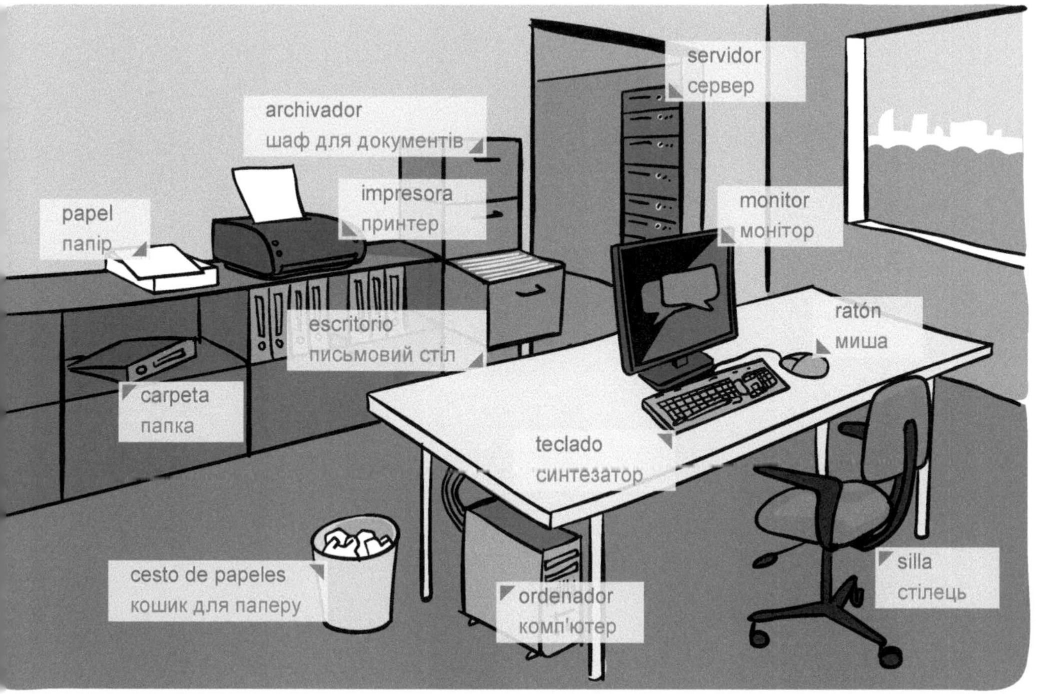

servidor
сервер

archivador
шаф для документів

impresora
принтер

monitor
монітор

papel
папір

ratón
миша

escritorio
письмовий стіл

carpeta
папка

teclado
синтезатор

cesto de papeles
кошик для паперу

silla
стілець

ordenador
комп'ютер

taza de café

кавовий кухоль

calculadora

калькулятор

internet

інтернет

laptop

ноутбук

carta

лист

mensaje

повідомлення

teléfono móvil

мобільний телефон

red

мережа

fotocopiadora

копіювальний пристрій

software

програмне забезпечення

teléfono

телефон

tomacorriente

розетка

máquina de fax

факс

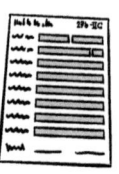

formulario

бланк

documento

документ

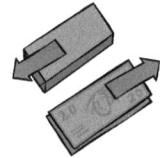

comprar

купувати

pagar

платити

comerciar

торгувати

dinero

гроші

  **USD**

dólar

долар

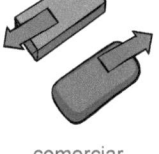  **EUR**

euro

євро

 **JPY**

yen

ієна

 **RUB**

rublo

рубль

 **CHF**

franco

франк

 **CNY**

renminbi

юанів женьміньбі

INR

rupia

рупія

cajero automático

банкомат

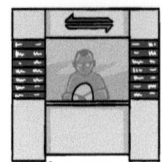

casa de cambio

обмінний пункт

oro

золото

plata

срібло

petróleo

нафта

energía

енергія

precio

ціна

contrato

контракт

impuesto

податок

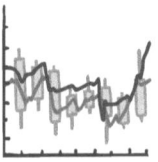

acción

акція

trabajar

працювати

empleado

працівник

empleador

роботодавець

fábrica

фабрика

negocio

магазин

ocupaciones

професії

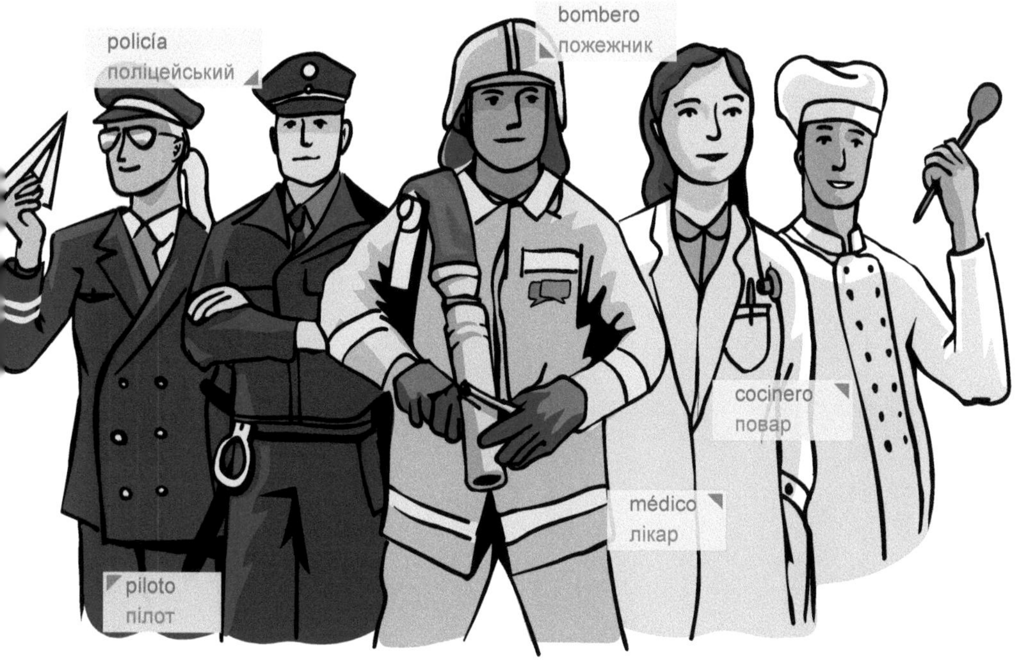
bombero
пожежник
policía
поліцейський
cocinero
повар
médico
лікар
piloto
пілот

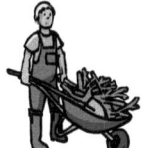

jardinero

садівник

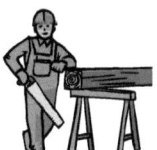

carpintero

столяр

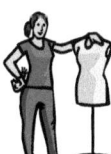

costurera

швачка

juez

суддя

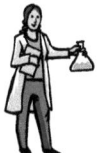

químico

хімік

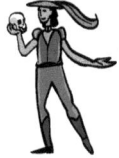

actor

актор

conductor de autobús

водій автобуса

taxista

таксист

pescador

рибалка

mujer de la limpieza

прибиральниця

techista

покрівельник

camarero

офіціант

cazador

мисливець

pintor

художник

panadero

пекар

electricista

електрик

albañil

будівельник

ingeniero

інженер

carnicero

забійник

fontanero

бляхар

cartero

листоноша

soldado

солдат

arquitecto

архітектор

cajero

касир

florista

флорист

peluquero

перукар

cobrador

кондуктор

mecánico

механік

capitán

капітан

odontólogo

дантист

científico

вчений

rabino

рабин

imam

імам

monje

монах

párroco

пастор

herramientas
інструменти

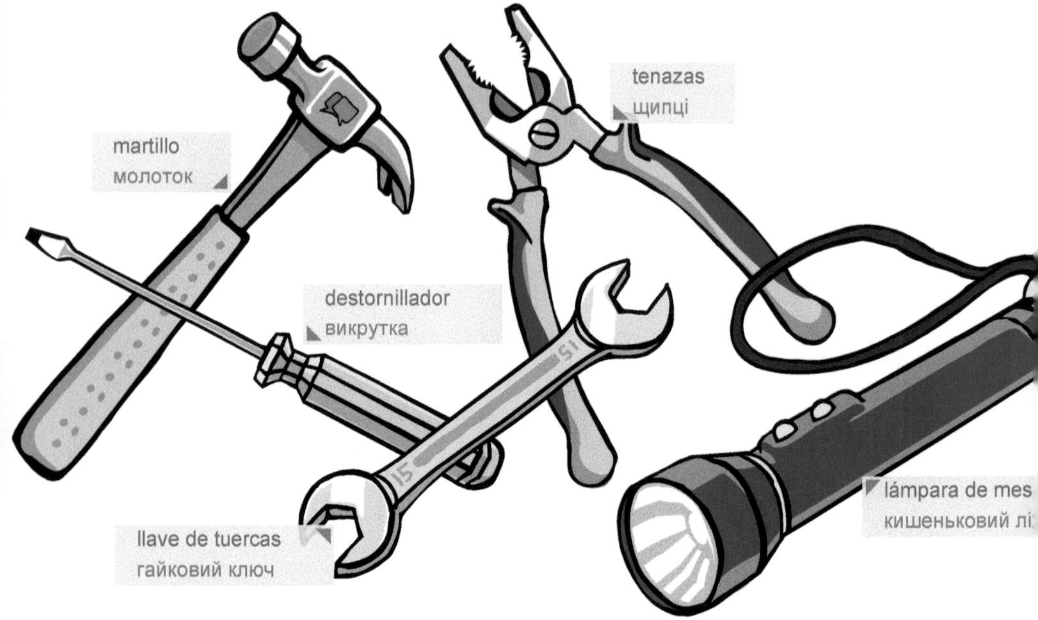

martillo
молоток
tenazas
щипці
destornillador
викрутка
llave de tuercas
гайковий ключ
lámpara de mes
кишеньковий лі

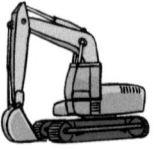

excavadora

екскаватор

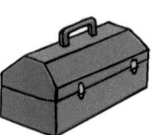

caja de herramientas

ящик для інструментів

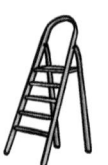

escalerilla

драбина

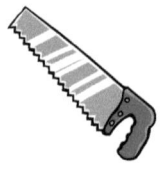

serrucho

пилка

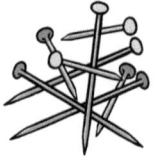

clavos

цвяхи

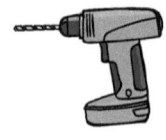

taladro

свердло

reparar

ремонтувати

pala

лопата

¡Maldición!

лайно!

recogedor

совок

lata de pintura

відро з фарбою

tornillos

гвинти

instrumentos musicales
музичні інструменти

batería
ударна установка

altavoz
динамік

contrabajo
контрабас

trompeta
труба

guitarra
гітара

piano

фортепіано

violín

скрипка

bajo

бас

timbales

литаври

tambor

барабан

teclado

клавіатура

saxofón

саксофон

flauta

флейта

micrófono

мікрофон

zoológico

зоопарк

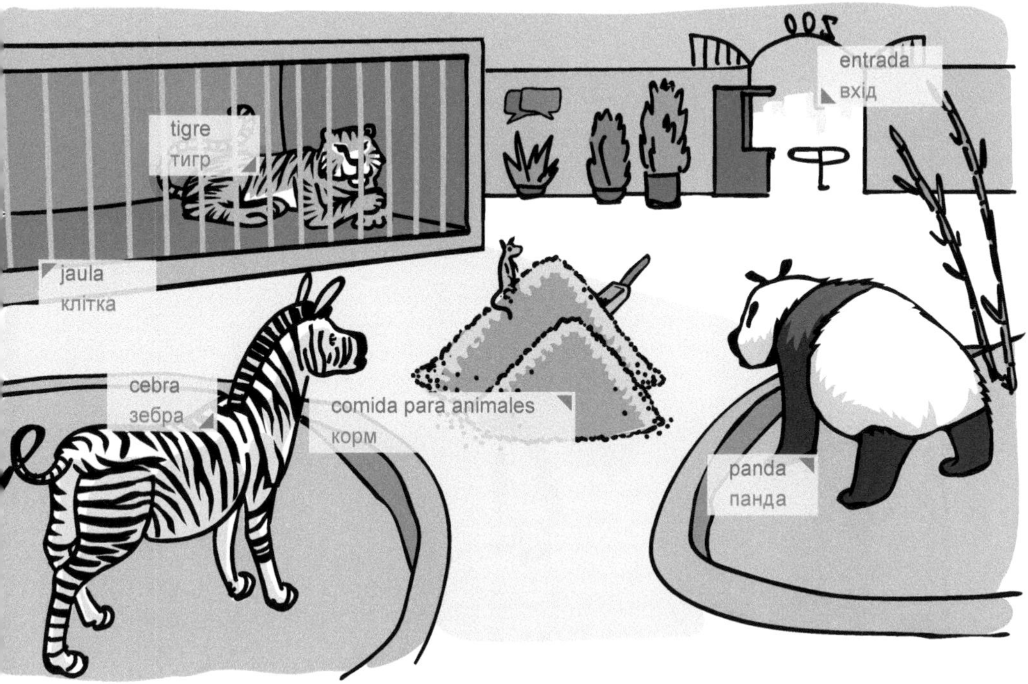
entrada
вхід
tigre
тигр
jaula
клітка
cebra
зебра
comida para animales
корм
panda
панда

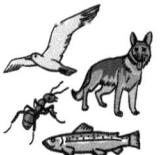

animales
тварини

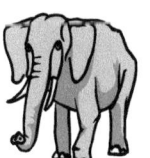

elefante
слон

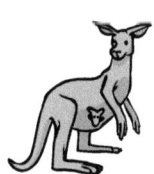

canguro
кенгуру

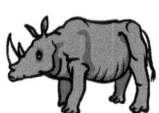

rinoceronte
носоріг

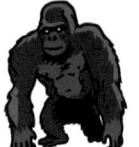

gorila
горила

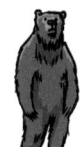

oso
ведмідь

camello

верблюд

avestruz

страус

león

лев

mono

мавпа

flamengo

фламінго

papagayo

папуга

oso polar

білий ведмідь

pingüino

пінгвін

tiburón

акула

pavo real

павич

serpiente

змія

cocodrilo

крокодил

cuidador del zoológico

працівник зоопарку

foca

тюлень

jaguar

ягуар

zoológico - зоопарк

pony

поні

leopardo

леопард

hipopótamo

гіпопотам

jirafa

жираф

águila

орел

jabalí

кабан

pescado

риба

tortuga

черепаха

morsa

морж

zorro

лисиця

gacela

газель

fútbol americano
американський футбол

ciclismo
їзда на велосипеді

tenis
теніс

baloncesto
баскетбол

natación
плавання

boxeo
бокс

hockey sobre hielo
хокей

fútbol
футбол

badminton
бадмінтон

atletismo
легка атлетика

balonmano
гандбол

esquí
лижні перегони

polo
поло

actividades

дії

saltar
стрибати
abrazar
обіймати
reír
сміятися
caminar
йти
cantar
співати
soñar
мріяти
rezar
молитися
besar
цілувати

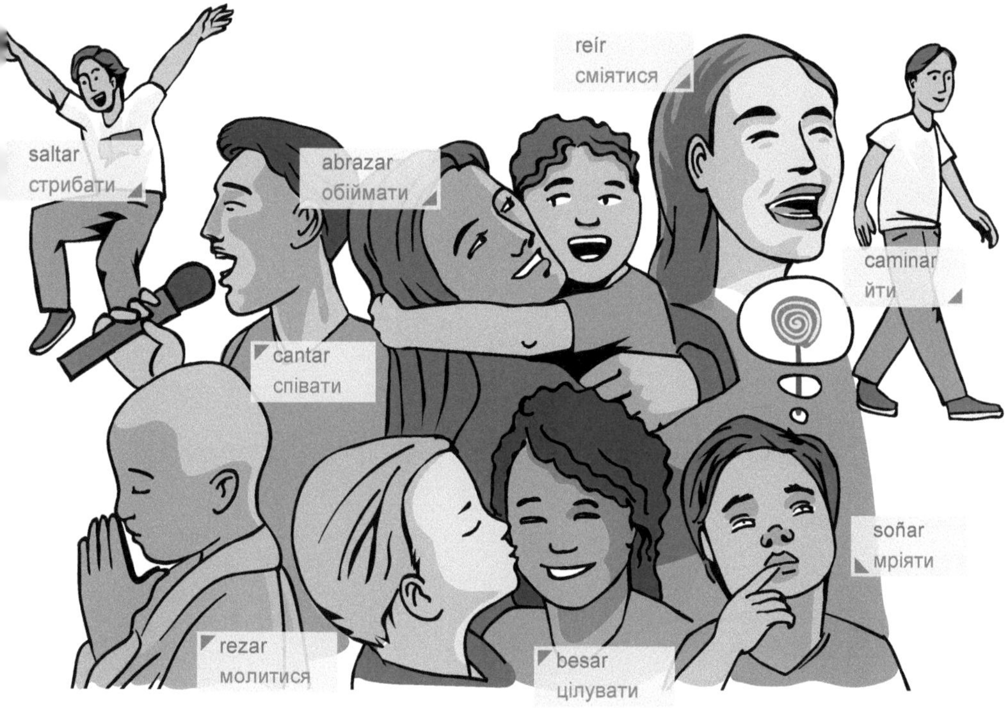

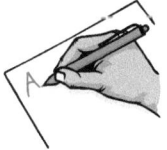

escribir
писати

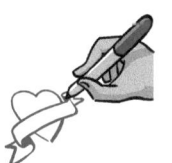

dibujar
малювати

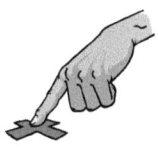

mostrar
показувати

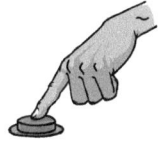

presionar
тиснути

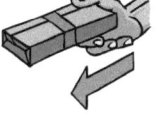

dar
давати

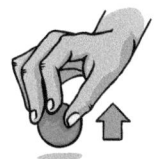

tomar
брати

tener

мати

hacer

робити

ser

бути

estar de pie

стояти

correr

бігати

tirar

тягнути

arrojar

кидати

caer

падати

estar acostado

лежати

esperar

очікувати

llevar

носити

estar sentado

сидіти

vestirse

одягати

dormir

спати

despertar

просипатися

mirar

дивитися

llorar

плакати

acariciar

гладити

peinarse

розчісувати

conversar

розмовляти

entender

розуміти

preguntar

питати

oír

слухати

beber

пити

comer

їсти

asear

прибирати

amar

любити

cocinar

варити

conducir

їхати

volar

літати

navegar

йти під вітрилом

calcular

рахувати

leer

читати

aprender

вчитися

trabajar

працювати

casarse

одружуватися

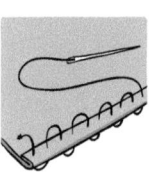

coser

шити

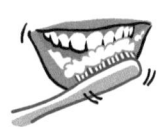

limpiarse los dientes

чистити зуби

matar

убивати

fumar

курити

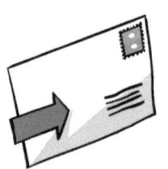

enviar

посилати

familia
сім'я

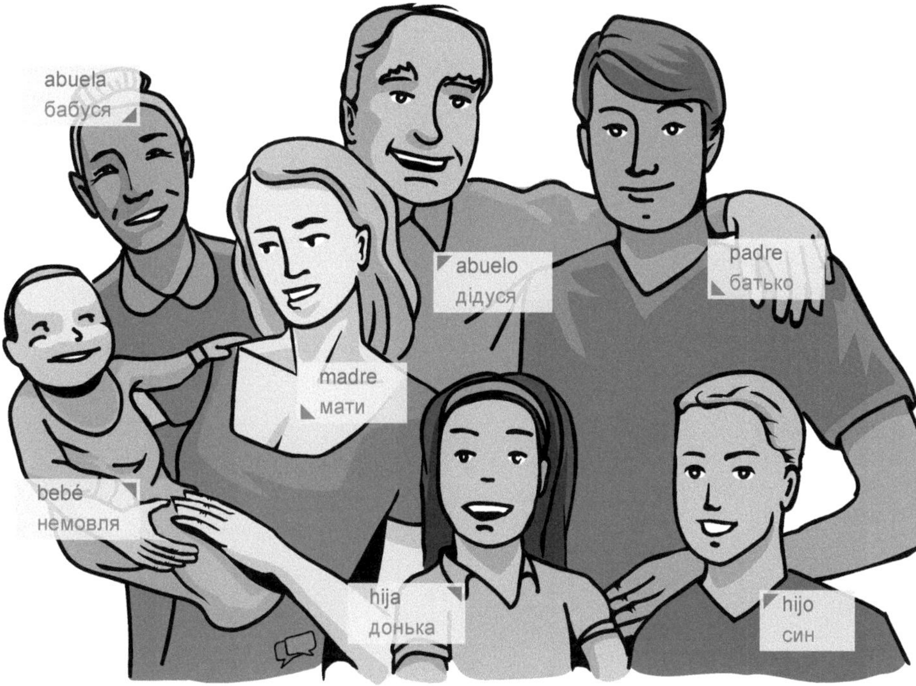
abuela
бабуся
abuelo
дідусь
padre
батько
madre
мати
bebé
немовля
hija
донька
hijo
син

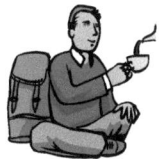

invitado
гість

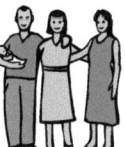

tía
тітка

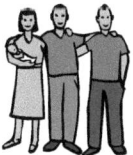

tío
дядько

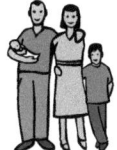

hermano
брат

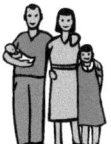

hermana
сестра

cuerpo

тіло

frente
чоло
ojo
око
hombro
плече
dedo
палець
cara
обличчя
barbilla
підборіддя
mano
кисть
pierna
нога
pecho
груди
brazo
рука

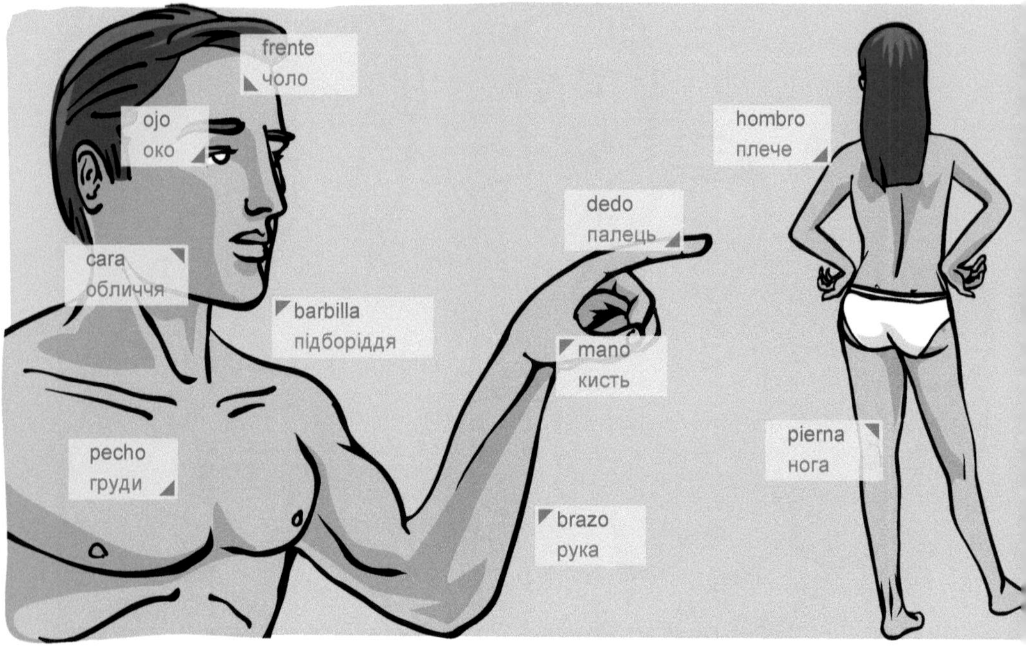

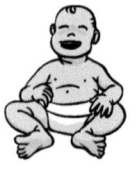

bebé

немовля

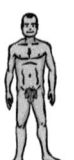

hombre

чоловік

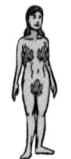

mujer

жінка

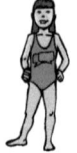

muchacha

дівчина

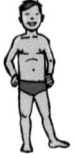

joven

хлопчик

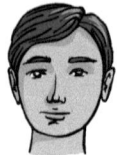

cabeza

голова

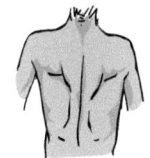

espalda

спина

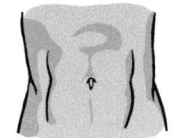

vientre

живіт

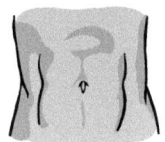

ombligo

пуп

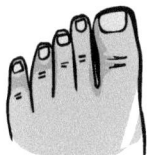

dedo del pie

палець ноги

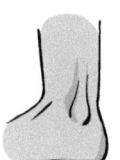

talón

п'ята

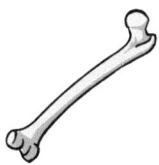

hueso

кістка

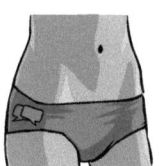

cadera

стегно

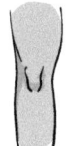

rodilla

коліно

codo

лікоть

nariz

ніс

trasero

сідниці

piel

шкіра

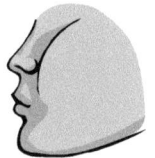

mejilla

щока

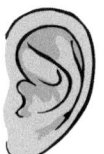

oreja

вухо

labio

губа

boca

рот

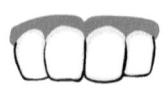

diente

зуб

lengua

язик

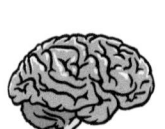

cerebro

мозок

corazón

серце

músculo

м'яз

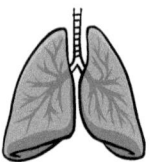

pulmón

легені

hígado

печінка

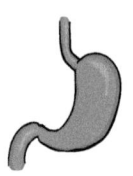

estómago

шлунок

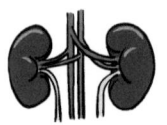

riñones

нирки

relación sexual

статевий акт

condón

презерватив

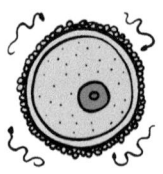

Óvulo

яйцеклітина

esperma

сперма

embarazo

вагітність

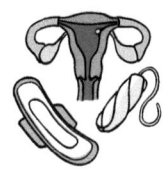

menstruación

менструація

vagina

вагіна

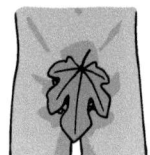

pene

пеніс

ceja

брова

cabello

волосся

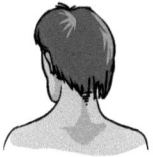

cuello

шия

hospital
лікарня

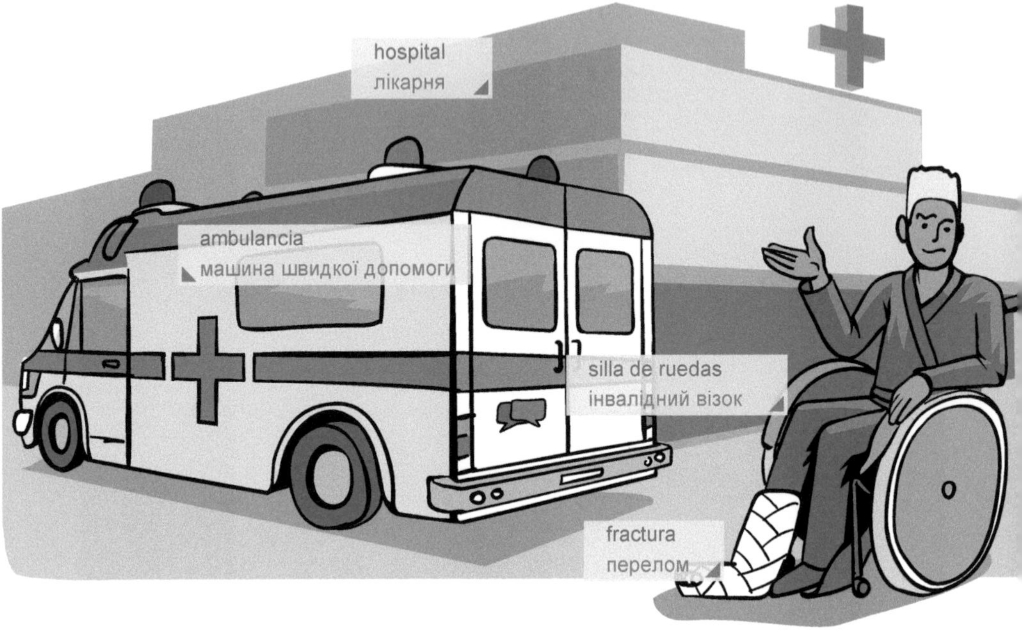

hospital
лікарня
ambulancia
машина швидкої допомоги
silla de ruedas
інвалідний візок
fractura
перелом

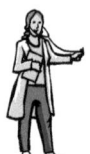

médico

лікар

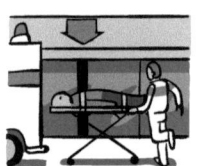

admisión de urgencia

відділення швидкої медичної допомоги

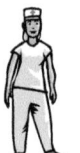

enfermera

медсестра

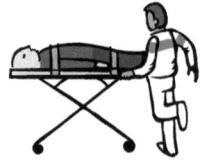

emergencia

аварійний випадок

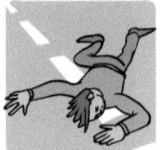

inconsciente

непритомний

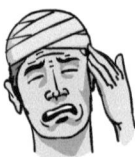

dolor

біль

lesión

травма

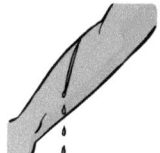

hemorragia

кровотеча

infarto de miocardio

інфаркт

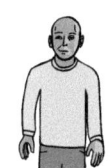

apoplejía cerebral

інсульт

alergia

алергія

tos

кашель

fiebre

лихоманка

gripe

грип

diarrea

пронос

dolor de cabeza

головна біль

cáncer

рак

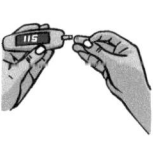

diabetes

діабет

cirujano

хірург

escalpelo

скальпель

operación

операція

TC

КТ

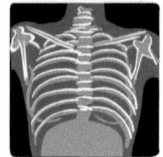

rayos X

рентген

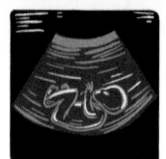

ultrasonido

ультразвук

máscara

маска

enfermedad

хвороба

sala de espera

зал очікування

muleta

милиця

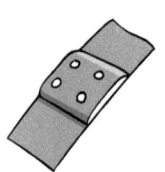

emplasto

пластир

vendaje

пов'язка

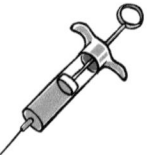

inyección

ін'єкція

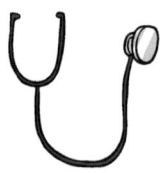

estetoscopio

стетоскоп

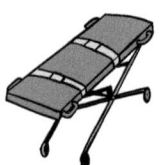

camilla

ноші

termómetro

термометр

nacimiento

народження

sobrepeso

надмірна вага

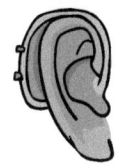

audífono

слуховий апарат

desinfectante

дезінфікуючий засіб

infección

інфекція

virus

вірус

VIH / SIDA

ВІЛ / СНІД

medicina

медицина

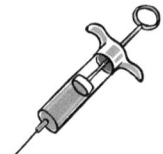

vacunación

вакцинація

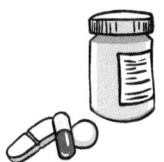

comprimido

таблетки

píldora anticonceptiva

протизаплідна пігулка

llamada de emergencia

екстрений виклик

medidor de presión arterial

тонометр

enfermo / saludable

хворий / здоровий

¡Ayuda!
Допоможіть!

alarma
сигнал тривоги

asalto
напад

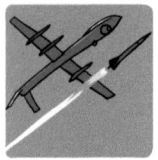

ataque
атака

peligro
небезпека

salida de emergencia
аварійний вихід

¡Fuego!
Вогонь!

extintor
вогнегасник

accidente
аварія

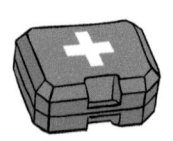

kit de primeros auxilios
аптечка

SOS
СОС

Policía
поліція

Europa

Європа

América del Norte

Північна Америка

América del Sur

Південна Америка

África

Африка

Asia

Азія

Australia

Австралія

Atlántico

Атлантика

Pacífico

Тихий океан

Océano Índico

Індійський океан

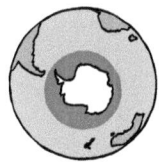

Océano Antártico

Антарктичний океан

Océano Ártico

Північний Льодовитий
океан

Polo Norte

Північний полюс

Polo Sur

Південний полюс

Antártida

Антарктика

Tierra

Земля

país

суша

mar

море

isla

острів

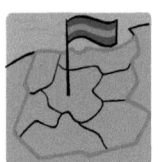

nación

нація

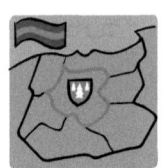

Estado

держава

cuadrante

циферблат

horario

годинникова стрілка

minutero

хвилинна стрілка

segundero

секундна стрілка

¿Qué hora es?

Котра година?

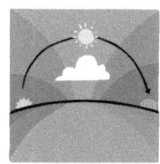

día

день

tiempo

час

ahora

зараз

reloj digital

цифровий годинник

minuto

хвилина

hora

година

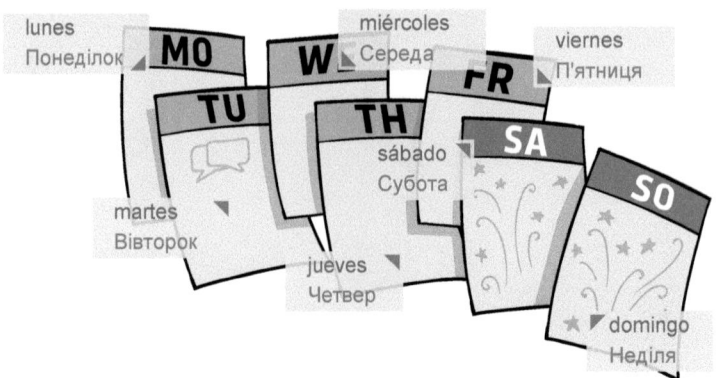

lunes
Понеділок

miércoles
Середа

viernes
П'ятниця

martes
Вівторок

jueves
Четвер

sábado
Субота

domingo
Неділя

ayer

вчора

hoy

сьогодні

mañana

завтра

mañana

ранок

mediodía

опівдні

tarde

вечір

jornada de trabajo

робочі дні

fin de semana

кінець робочого тижня

año
рік

lluvia
дощ
arco iris
веселка
viento
вітер
nieve
сніг
primavera
весна
verano
літо
otoño
осінь
invierno
зима

4.APRIL 11°
5.APRIL 4°
6.APRIL 13°
7.APRIL 8°
8.APRIL 10°

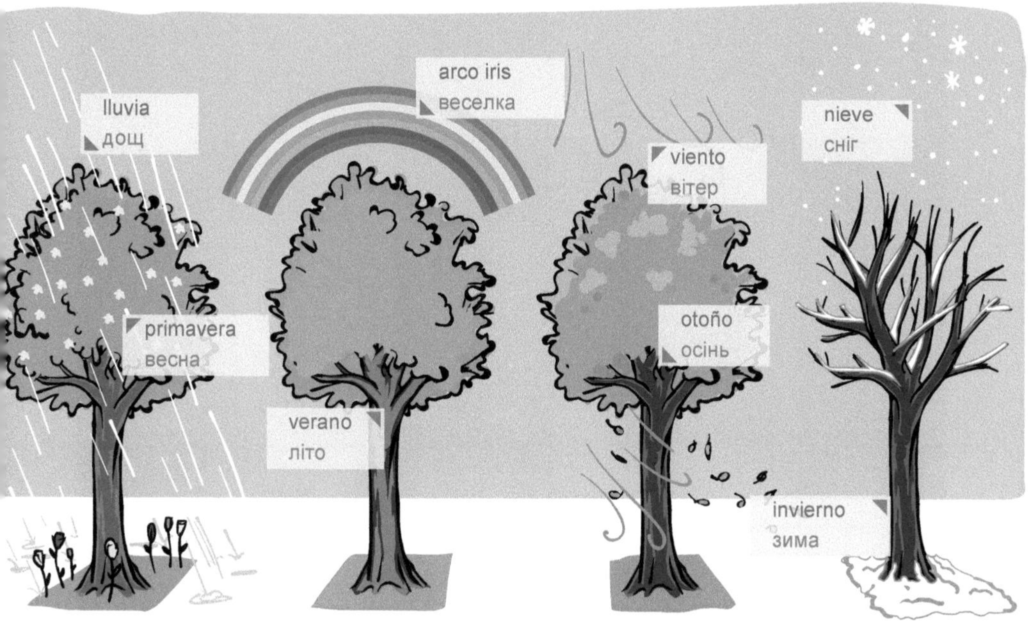

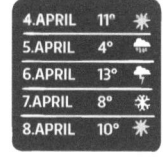

pronóstico meteorológico
....
прогноз погоди

F C
120 90 60 30 0 -30
40 30 20 10 0 -10 -20

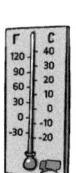

termómetro
....
термометр

luz solar
....
сонячне світло

nube
....
хмара

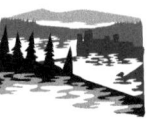

niebla
....
туман

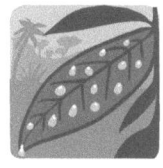

humedad ambiente
....
вологість повітря

relámpago

блискавка

trueno

грім

tormenta

шторм

granizo

град

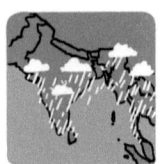

monzón

мусон

inundación

повінь

hielo

лід

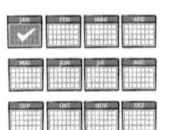

enero

Січень

febrero

Лютий

marzo

Березень

abril

Квітень

mayo

Травень

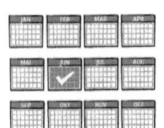

junio

Червень

julio

Липень

agosto

Серпень

año - рік

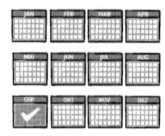

septiembre

Вересень

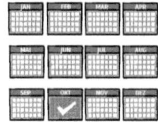

octubre

Жовтень

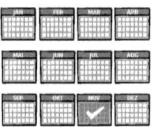

noviembre

Листопад

diciembre

Грудень

formas
форми

círculo

круг

cuadrado

квадрат

rectángulo

прямокутник

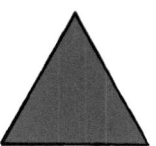

triángulo

трикутник

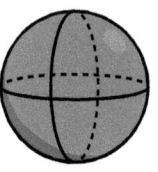

esfera

куля

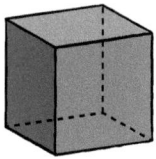

cubo

куб

фарби

blanco
....
білий

amarillo
....
жовтий

anaranjado
....
помаранчевий

rosa
....
рожевий

rojo
....
червоний

lila
....
фіолетовий

azul
....
синій

verde
....
зелений

marrón
....
коричневий

gris
....
сірий

negro
....
чорний

mucho / poco

багато / мало

enojado / calmado

лютий / мирний

bonito / feo

гарний / бридкий

comienzo / fin

початок / кінець

grande / pequeño

великий / малий

claro / oscuro

світлий / темний

hermano / hermana

брат / сестра

limpio / sucio

чистий / брудний

completo / incompleto

завершений /
незавершений

día / noche

день / ніч

muerto / vivo

мертвий / живий

ancho / angosto

широкий / вузький

disfrutable / no disfrutable

....

їстівний / неїстівний

malo / amigable

....

злий / дружній

excitado / aburrido

....

збуджений / нудьгуючий

gordo / delgado

....

товстий / тонкий

primero / último

....

спочатку / востаннє

amigo / enemigo

....

друг / ворог

lleno / vacío

....

повний / порожній

duro / suave

....

жорсткий / м'який

pesado / liviano

....

важкий / легкий

hambre / sed

....

голод / спрага

enfermo / saludable

....

хворий / здоровий

ilegal / legal

....

незаконний / законний

inteligente / tonto

....

розумний / дурний

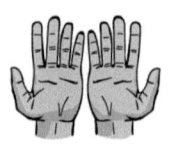

izquierda / derecha

....

вліво / вправо

cercano / lejano

....

поруч / далеко

nuevo / usado

новий / використаний

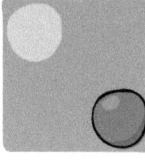

nada / algo

нічого / щось

viejo / joven

старий / молодий

encendido / apagado

вкл / викл

abierto / cerrado

відкрито / закрито

bajo / fuerte

тихо / гучно

rico / pobre

багатий / бідний

correcto / incorrecto

правильно / неправильно

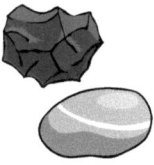

áspero / liso

шорсткий / гладкий

triste / alegre

сумний / щасливий

breve / extenso

короткий / довгий

lento / veloz

повільно / швидко

mojado / seco

вологий / сухий

caliente / frío

гарячий / холодний

guerra / paz

війна / мир

opuestos - протилежності

0	**1**	**2**
cero	uno	dos
нуль	один	два

3	**4**	**5**
tres	cuatro	cinco
три	чотири	п'ять

6	**7**	**8**
seis	siete	ocho
шість	сім	вісім

9	**10**	**11**
nueve	diez	once
дев'ять	десять	одинадцять

12
doce

дванадцять

13
trece

тринадцять

14
catorce

чотирнадцять

15
quince

п'ятнадцять

16
dieciséis

шістнадцять

17
diecisiete

сімнадцять

18
dieciocho

вісімнадцять

19
diecinueve

дев'ятнадцять

20
veinte

двадцять

100
cien

сто

1.000
mil

тисяча

1.000.000
millón

мільйон

inglés

англійська

inglés estadounidense

американська англійська

chino mandarín

китайська
високочиновницька

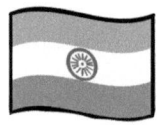

hindi

хінді

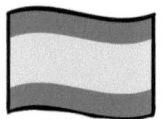

español

іспанська

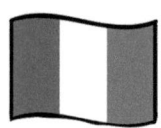

francés

французька

árabe

арабська

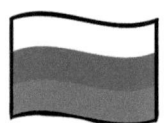

ruso

російська

portugués

португальська

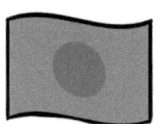

bengalí

бенгальська

alemán

німецька

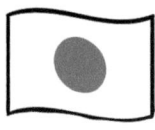

japonés

японська

yo

я

tú

ти

él / ella

він / вона / воно

nosotros

ми

vosotros

ви

ellos

вони

¿quién?

хто?

¿qué?

що?

¿cómo?

як?

¿dónde?

де?

¿cuándo?

коли?

nombre

ім'я

detrás

ззаду

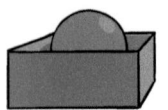

en

в

delante de

перед

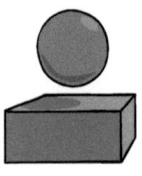

encima de

над

sobre

на

debajo de

під

junto a

біля

entre

між

lugar

місце